しらいのりこの
絶品！ご飯のおとも
101

はじめに

「ご飯のおともが、心強い友になる」

ピカピカに輝く炊きたての白いご飯。そこに「ご飯のおとも」があれば、それはもうごちそうです。

ご飯のおともは、その楚々とした見た目とは裏腹の力強い味わいで、

ご飯をどんどん胃袋に送り込んでいく、すごいパワーの持ち主。

おかずづくりに疲れてしまったとき、おなかが空きすぎてにっちもさっちもいかなくなったとき、

ふと冷蔵庫を開け、そこに、ご飯のおともの入った容器を見つけたら、

……ああ、そうだ、私にはこの子（おとも）たちがいる。これをご飯にのっけるだけでよいではないか……

と、ホッとするのです。そう、ご飯のおともは心の安寧までももたらしてくれる存在なのです。

この本では、そんな力を持つ、私の大好きなおとものレシピをご紹介しています。

長期保存ができるものもあれば、つくってすぐ食べきるタイプのもの、

和風、洋風、中華、エスニックまでジャンルもいろいろ。スーパーでよく見かける、あの定番おとものレシピもあります。

自分でつくれば、味つけも自由自在。自分好みの味に調えたり、少しひねりを加えたりもできるし、

何よりリーズナブルなのがうれしい。そして最大のメリットは、好きなおともを好きなだけつくって遠慮なく食べられること。

ぜひ、いろいろなおともと一緒にご飯を楽しんでください。

この本が、皆さまの毎日の食事の心強い「おとも」になることを願っています。

しらいのりこ

第一章

海の幸で、ご飯のおとも！

はじめに　2
この本の決まりごと　8
保存について

10　さけフレーク

さけフレークのバリエーション

12　レモンさけフレーク
　　わさびさけフレーク
13　明太さけフレーク

14　さばフレーク
15　たらこフレーク
16　のりとひじきのつくだ煮
17　のりバター
18　明太チーズ
19　明太高菜
20　酢じゃこ
21　梅ちりめん
22　カレーナッツじゃこ
23　しらすオリーブオイル
24　あさりの簡単つくだ煮

25　かきの辛煮
26　混ぜればえびチリ
27　ツナマヨ柚子こしょう
28　天丼ふりかけ
29　さきいかのしょうがじょうゆ漬け
30　さけの焼き漬け
31　白身魚の塩昆布あえ
32　あじのなめろう
34　ぶりのなめろう
35　サーモンのエスニックなめろう

まぐろスペシャル！

36　まぐろのづけ
38　まぐろの洋風づけ
39　まぐろのユッケ
40　まぐろとアボカドのみそ漬け
41　まぐろたくあん納豆
42　まぐろそぼろ

第二章

山の幸で、ご飯のおとも！

48 いろいろきのこのなめたけ
50 焦がしきのことひじき炒め
51 きのこタンタンみそ
52 ゴーヤーのきんぴら
53 揚げ玉きんぴら
54 じゃこピーマン
55 高菜のおかか炒め
56 ほうれんそうとベーコンのふりかけ
57 ピリ辛みそこんにゃく
58 切り干し大根の酢じょうゆ漬け
59 たまねぎの酢じょうゆオイル漬け
60 にらのしょうゆ漬け
61 パクチーのしょうゆ漬け
62 三升漬け
63 青じその韓国風漬け
64 きゅうりとしょうがの甘辛漬け
65 かくやあえ
66 カレー大豆
67 きりざい

68 けんちんそぼろ
69 カレーツナおから
70 油揚げのおかかふりかけ
71 油揚げの甘辛煮

なめみそスペシャル！

72 さばみそ
73 えびみそ
74 豚みそ
75 ナッツみそ
76 梅にんにくみそ
77 ねぎみそ

季節を楽しむ野菜みそ

78 春の野菜みそ・クレソンとパセリの香りみそ
79 夏の野菜みそ・なすとピーマンの甘みそ
80 秋の野菜みそ・しいたけとにんじんのバターみそ
81 冬の野菜みそ・根菜のしょうがみそ

第三章

肉でガッツリ、ご飯のおとも!

86　牛肉とごぼうのしぐれ煮
88　すき焼きつくだ煮
89　プルコギつくだ煮
90　豚肉のしょうが焼きつくだ煮
91　魯肉（ルーロー）つくだ煮
92　焼き鳥つくだ煮
93　鶏レバーのつくだ煮
94　ギョーザ肉みそ
96　ハンバーグ肉みそ
97　カレー肉みそ
98　マーボー肉みそ
99　ガパオ肉みそ

第四章

卵でほっこり、ご飯のおとも!

104　卵黄のしょうゆ漬け
　　　卵黄のみそ漬け
106　めんつゆ漬け卵

漬け卵のバリエーション

108　塩水漬け卵
　　　塩こうじ漬け卵
109　甘酢漬け卵
　　　オイスター漬け卵
110　カレー漬け卵
　　　キムチ漬け卵

111　甘いいり卵
112　卵のしっとりふりかけ
113　だし漬け卵焼き

番外編

調味料で、ご飯のおとも!

114　食べるラー油

おまけの章

ご飯のおともで、絶品料理！

column

さけフレークで！
116　さけのポテトサラダ

たらこフレークで！
117　たらこのポテトオムレツ

のりとひじきのつくだ煮で！
118　のりひじきとレタスのサラダ

梅ちりめんで！
119　梅ちりめんとセロリのきんぴら

いろいろきのこのなめたけで！
120　レンジ茶碗蒸し

きゅうりとしょうがの甘辛漬けで！
121　きゅうりと豚肉のそぼろ炒め

かくやあえで！
122　ゆで鶏のかくやあえ

油揚げのおかかふりかけで！
123　青菜のおひたし

さばみそで！
124　冷や汁そうめん

牛肉とごぼうのしぐれ煮で！
125　肉豆腐

ギョーザ肉みそで！
126　ギョーザ肉みそのあえ麺

食べるラー油で！
127　豆乳鍋

ちょっと一息　ご飯のおはなし①
44　ご飯をおいしく炊く！

ちょっと一息　ご飯のおはなし②
82　おむすびをおいしくにぎる！

ちょっと一息　ご飯のおはなし③
100　お茶漬けをおいしくつくる！

この本の決まりごと

- この本で使用している計量カップはカップ1＝200㎖、計量スプーンは大さじ1＝15㎖、小さじ1＝5㎖です。1㎖＝1ccです。
- 表記のエネルギーはおおよその数値、調理時間はトータルでかかるおおよその時間です。
- 材料表の◎は常備の調味料です。
- 電子レンジ、魚焼きグリルなどの調理器具は、各メーカーの使用説明書などをよくお読みのうえ、正しくお使いください。
- 電子レンジは、金属および金属製の部分がある容器や非耐熱ガラスの容器、漆器、木・竹・紙製品、耐熱温度が140℃未満の樹脂製容器などの使用は避けてください。故障や事故の原因となることがあります。本文中で表示した調理時間は600Wのものです。700Wの場合は約0.8倍、500Wの場合は約1.2倍にしてください。
- 加熱料理にラップやアルミ箔を使用する場合、使用説明書に記載の耐熱温度などを確認のうえ、正しくご使用ください。

保存について

保存に使用する保存瓶や保存容器は、使う前によく洗い、消毒してください。熱湯消毒する場合、瓶などガラス製の容器は、いきなり熱湯をかけると温度差で割れることがあるので、まず、ぬるま湯を入れて容器と外したふたを温めてから熱湯を全体に回しかけてください。ペーパータオルを敷いて容器の口を下にして置き、乾かします。アルコール消毒する場合、食品用のアルコールか焼酎（35度以上のもの）をしみ込ませたペーパータオルで全体を拭いてください。

第一章

海の幸で、
ご飯のおとも!

魚介や海藻は、私がご飯のおともでいちばんよく使う食材です。
冷蔵庫には何かしら入っていて、
朝ごはん、晩ごはんに合うおともをチャチャッとつくります。
魚介はつくったその日か翌日中に食べきるレシピも多いです。
私は「ご飯のおとも＝つくりおき」ではない、と思っていて、
ご飯に合えば、刺身だって立派な「おとも」。
海の幸でつくるおともは、ご飯はもちろん、お酒にも合いますよ!

さけフレーク

ふんわりとやさしく、しっとりなめらかな食感に感動！
特殊な蒸し焼きの方法で、うまみは逃さず、口当たりよく仕上げます。

材料（つくりやすい分量）
塩ざけ（切り身／甘口）　2切れ（180g）
◎酒／塩

この方法だと火がゆっくりと
入り、パサつかずにしっとりと
仕上がります。

1　フライパンにアルミ箔を敷き、さけをのせて
酒大さじ1をふる。フライパンとアルミ箔の隙間
に水大さじ3を流し入れ（写真左）、ふたをして
弱火で8分間焼く。
2　さけを取り出して粗熱を取る。皮と骨を除
いて食べやすくほぐし、塩少々で味を調える。
［大さじ1で25kcal　調理時間10分（粗熱を
取る時間は除く）］

電子レンジでもできますよ！

レンチンレシピ（分量は上記と同じ）
1　耐熱容器にさけを入れて酒をふり、ふんわりと
ラップをして電子レンジ（600W）に3分間かける。
2　ラップをしたまま粗熱を取り、皮と骨を除く。食
べやすくほぐし、塩で味を調える。

1
101

保存
冷蔵庫で
3〜4日間

さけフレークのバリエーション

簡単なレンチンレシピで紹介します。

レモンさけフレーク

レモンの酸味と香りで爽やかに。

材料（つくりやすい分量）
塩ざけ（切り身／甘口）
　　2切れ（180g）
レモン（国産）　¼コ分
◎酒／塩

1　耐熱容器にさけを入れて酒大さじ
1をふり、ふんわりとラップをして電子
レンジ（600W）に3分間かけ、ラップを
したまま粗熱を取る。
2　レモンはよく洗って皮をすりおろし、
果汁を搾る（約大さじ1とれる）。
3　さけは皮と骨を除いて食べやすく
ほぐし、レモン汁全量とレモンの皮を加
えて混ぜ、塩少々で味を調える。
［大さじ1で23kcal　調理時間5分（粗
熱を取る時間は除く）］

2
101

保存
冷蔵庫で
3〜4日間

3
101

保存
冷蔵庫で
3〜4日間

わさびさけフレーク

お茶漬けにもおすすめ！

材料（つくりやすい分量）
塩ざけ（切り身／甘口）
　　2切れ（180g）
練りわさび　小さじ½
◎酒／塩

1　P.12「レモンさけフレーク」の**1**と同様につくる。
2　さけは皮と骨を除いて食べやすくほぐし、練りわさびを加えて混ぜ、塩少々で味を調える。
［大さじ1で23kcal　調理時間5分（粗熱を取る時間は除く）］

4
101

保存
冷蔵庫で
3〜4日間

明太さけフレーク

明太×さけの最強コンビ、激ウマです！

材料（つくりやすい分量）
塩ざけ（切り身／甘口）
　　2切れ（180g）
からし明太子　½腹（50g）
◎酒

1　P.12「レモンさけフレーク」の**1**と同様につくる。
2　からし明太子は薄皮に切り目を入れて中身を取り出す。
3　さけは皮と骨を除いて食べやすくほぐし、**2**を加えて混ぜる。
［大さじ1で23kcal　調理時間5分（粗熱を取る時間は除く）］

13

さばフレーク

うまみが凝縮した塩さばを使えば、
短時間でおいしく仕上がります。

材料（つくりやすい分量）
塩さば（切り身）　1切れ（100g）

A
- みそ　小さじ2
- 砂糖　大さじ½
- しょうが（すりおろす）　小さじ1

1　塩さばは魚焼きグリルに入れ、中火で10
分間ほど、こんがりと焼く（片面焼きの場合は
途中、上下を返す）。粗熱が取れたら皮と骨を
除き、細かくほぐしてボウルに入れる。
2　Aを加えて混ぜ合わせる。
［大さじ1で38kcal　調理時間15分（粗熱を
取る時間は除く）］

5
101

保存
冷蔵庫で
3〜4日間

たらこフレーク

ガーリックバターで炒めたたらこが、
ウホホと笑みが出るほどリッチな味わい。

材料（つくりやすい分量）
たらこ　1腹（80g）
にんにく（みじん切り）　小さじ1
◎バター／酒

1　たらこは薄皮に切り目を入れて中身を取り出す。
2　フライパンにバター10gを弱火で溶かし、にんにくを入れる。香りがたったら**1**と酒大さじ1を加え、たらこに火が通って色が変わるまで炒める。火から下ろして冷ます。

※ 酒はたらこを入れたら手早く加えること。たらこに火が通り始めてから加えると、はねやすいので注意。

［大さじ1で18kcal　調理時間10分（冷ます時間は除く）］

6
101

保存
冷蔵庫で
4〜5日間

のりとひじきのつくだ煮

市販のつくだ煮より甘さ控えめで、ひじきの歯ごたえがアクセント。

材料（つくりやすい分量）
焼きのり（全形）　5枚
芽ひじき（乾）　大さじ1（3g）
A ［ 削り節　2g
　 ［ 水　カップ ½
B ［ 酒　大さじ6
　 ［ しょうゆ　大さじ3
　 ［ みりん・砂糖　各大さじ1

1　ひじきはサッと洗い、たっぷりの水に5〜10分間つけて戻す。
2　のりをもんで細かくし、鍋に入れる。Aを加えて5分間おく。**1**を水けをきって加え、中火にかける。煮立ったらBを加え、木べらでかき混ぜながら、5〜6分間煮る。
3　木べらで鍋底に緩く筋が描ける程度になったら、火から下ろして冷ます。
［大さじ1で17kcal　調理時間15分
（ひじきを水につけて戻す時間、冷ます時間は除く）］

甘めが好きなら砂糖を増やしてください。
火を止める直前に練りわさび適量を加え、
辛くするのもおすすめ！

保存
冷蔵庫で
約1週間

16

のりバター

バター風味で、ほんのり洋風テイストののりのつくだ煮です。

材料（つくりやすい分量）
焼きのり（全形） 2枚
A
　削り節　1g
　水　カップ¼
　酒　大さじ2
　しょうゆ・みりん　各大さじ1
練りわさび（好みで）　小さじ¼
◎バター

1　のりは細かくちぎって鍋に入れ、A
を加えて中火にかける。木べらでかき
混ぜながら、5〜6分間煮る。
2　木べらで鍋底に緩く筋が描ける程
度になったら火から下ろす。熱いうちに
バター10gを加えて混ぜ、なじませる。
練りわさびも加えて混ぜ、冷ます。
［大さじ1で21kcal　調理時間10分
（冷ます時間は除く）］

17

明太チーズ

アツアツご飯にのせて、チーズをトロッとさせると最高です！

材料（つくりやすい分量）
からし明太子　（大）½ 腹（60g）
プロセスチーズ　45g

1　からし明太子は薄皮に切り目を入
れて中身を取り出す。
2　プロセスチーズは1cm角に切って
ボウルに入れ、**1**を加えて混ぜる。
［大さじ1で28kcal　調理時間3分］

材料（つくりやすい分量）
からし明太子　（大）½腹（60g）
高菜漬け　80g
◎ごま油

1　からし明太子は薄皮に切り目を入れて中身を取り出す。高菜漬けは1cm幅に切る。
2　フライパンにごま油大さじ1を中火で熱し、高菜漬けを入れて炒める。しんなりしたら明太子を加え、ほぐしながら炒める。火から下ろして冷ます。
［大さじ1で22kcal　調理時間5分（冷ます時間は除く）］

10
101

保存
冷蔵庫で
3〜4日間

明太高菜
明太と高菜の鉄板コンビは、お茶漬けやラーメンにも！

材料（つくりやすい分量）
ちりめんじゃこ　大さじ4（20g）
しょうが（せん切り）　1かけ分

A ┌ 酢　大さじ4
　├ きび糖（または砂糖）　大さじ1
　└ 塩　小さじ½

1　Aは混ぜる。
2　保存瓶にちりめんじゃことしょうが
を入れ、<u>1</u>を加える。冷蔵庫に1時間ほ
どおき、味をなじませる。
［大さじ1で10kcal　調理時間3分（味
をなじませる時間は除く）］

酢じゃこ
つけ酢ごとご飯に混ぜれば、即席すし飯にも！

11
101

保存
冷蔵庫で
約5日間

ちりめんじゃこに調味料がな
じんだら、梅肉を加えます。

材料（つくりやすい分量）
カリカリ梅（塩分9％）　10g
ちりめんじゃこ　大さじ8（40g）
A ［ 酒　大さじ3
　　みりん　大さじ1 ］
白ごま　小さじ2

梅ちりめん

梅の酸味＆じゃこのうまみが、ナイスなコンビネーション！

1　カリカリ梅は種を除いて粗みじん
切りにする（梅肉）。
2　フライパンにAを入れて中火にか
け、沸騰したらちりめんじゃこを加えて
1分間ほどいり煮にする。
3　1の梅肉（写真上）、白ごまを加え、
2分間ほどいる。汁けがなくなったら、
火から下ろして冷ます。
［大さじ1で16kcal　調理時間10分
（冷ます時間は除く）］

カレーナッツじゃこ

スパイシーなカリカリふりかけ。ご飯にかけて葉野菜で巻いても。

保存
冷蔵庫で
約1週間

材料（つくりやすい分量）

ミックスナッツ（素焼き／食塩不使用）　30g
ちりめんじゃこ　大さじ2（10g）
A ┌ カレー粉　小さじ½
　└ 塩　小さじ⅓

1　ミックスナッツは粗く刻む。
2　フライパンに1とちりめんじゃこを入れ、弱めの中火でからいりする。Aを加えて全体に味をなじませ、火から下ろして冷ます。

［大さじ1で31kcal　調理時間5分（冷ます時間は除く）］

（つくりやすい分量）

しらす干し　80g

A ［ オリーブ油　カップ½
　　 にんにく（すりおろす）　小さじ1

しらす干しとAを混ぜ合わせる。
［大さじ1で56kcal　調理時間1分］

保存
冷蔵庫で
3〜4日間

しらすオリーブオイル

にんにくのパンチが効いた、しらすのオイル漬けです。

材料（つくりやすい分量）
あさり（むき身）　150g

A
酒　大さじ4
しょうゆ　大さじ2
みりん・砂糖　各大さじ1
しょうが（せん切り）　1かけ分

1　鍋にAを入れ、強めの中火で煮立たせる。煮汁が半量になるくらいまで2分間ほど煮詰める。
2　あさりを加え、3分間ほど煮て味をからめる。火から下ろして冷ます。
［全量160kcal　調理時間7分（冷ます時間は除く）］

あさりの簡単つくだ煮
あさりはふっくらと柔らかく、上品な甘辛さです。

保存
冷蔵庫で
約1週間

15
101

かきの辛煮

かきをふっくらと酒いりして、こっくりとしたピリ辛味に仕上げます。

材料（つくりやすい分量）
かき（加熱用）　150g
しょうが（せん切り）　1かけ分

A ┌ しょうゆ・オイスターソース
　　　各小さじ2
　└ 赤とうがらし（小口切り）
　　　小さじ1

◎塩／酒／ごま油

1　ボウルに水500㎖と塩大さじ1を入れて混ぜ、塩を溶かす（3％濃度の塩水）。かきを入れてよく洗い、ペーパータオルで水けを拭く。

2　フライパンに**1**としょうがを入れて酒大さじ2をふり、中火で1分間ほど加熱する。かきがふくらんだら、Aを加えてなじませ、鍋を揺すりながら5分間ほど煮る。ごま油小さじ2を回しかけ、火から下ろして冷ます。

［全量230kcal　調理時間12分（冷ます時間は除く）］

混ぜればえびチリ

ゆでたえびをレンチンチリソースと混ぜるだけ！

材料（つくりやすい分量）
むきえび（小）200g
A
┌ トマトケチャップ　大さじ2
│ ごま油　小さじ1
│ 豆板醤（トーバンジャン）　小さじ½
│ ねぎ（みじん切り）　10g
└ しょうが（みじん切り）　1かけ分
◎かたくり粉

1 むきえびは背ワタがあれば竹串で除き、かたくり粉適量でもんで、流水で洗う。熱湯でサッとゆでて水けを拭く。
2 耐熱容器にAを入れてふんわりとラップをし、電子レンジ（600W）に1分間かける。
3 2に1を加えて混ぜ合わせ、乾燥しないように再びラップをして冷ます。
［全量260kcal　調理時間10分（冷ます時間は除く）］

材料（つくりやすい分量）
ツナ（缶詰／油漬け）　（小）1缶（70g）
マヨネーズ　大さじ1
柚子こしょう　小さじ1

1　ツナはざるに上げて油をきり、ボウルに入れる。
2　マヨネーズと柚子こしょうを加えて混ぜる。
［大さじ1で42kcal　調理時間3分］

18
101

保存
冷蔵庫で
約3日間

ツナマヨ柚子こしょう

柚子こしょうの香りと辛みで極うまツナマヨ！

材料（つくりやすい分量）

揚げ玉　大さじ4

削り節　3g

桜えび（乾）　大さじ2

塩昆布（細切り）　大さじ1

青のり粉　大さじ1

すべての材料を混ぜる。

［大さじ1で14kcal　調理時間1分］

天丼ふりかけ

パラッとかけるだけで、なんちゃって天丼！

19
101

保存
冷蔵庫で
約1週間

さきいかのしょうがじょうゆ漬け

おつまみのさきいかが、お酒よりご飯に合う味に！

材料（つくりやすい分量）
さきいか　25g
しょうが（すりおろす）　小さじ1
A［ しょうゆ・酒　各大さじ2
　　みりん　大さじ2

1 さきいか、しょうがを耐熱ボウルに入れ、Aを加えて混ぜる。
2 ラップはせずに電子レンジ（600W）に1分間かける。冷ましながら味を含ませる。
［大さじ1で20kcal　調理時間3分（冷ます時間は除く）］

さけの焼き漬け

焼きざけの香ばしさと甘辛風味が、最強のご飯どろぼうです。

材料（つくりやすい分量）

生ざけ（切り身）*1
　2〜4切れ（約400g）

つけだれ
「酒・みりん・中ザラ糖*2
　（または砂糖）　各大さじ2
└しょうゆ　大さじ4

*1　銀ざけ、アトランティックサーモンなど脂がのっているものがおすすめ。
*2　大粒で純度が高い、黄褐色の砂糖。料理にコクと照りがつく。

1　つけだれをつくる。鍋に酒、みりんを入れて強火で煮立たせ、アルコール分をとばす。中ザラ糖を加え、鍋を揺すりながら溶かす。しょうゆを加え、再び煮立ったら火を止め、バットに入れて冷ます。

2　さけは3〜4cm幅に切り、魚焼きグリルで皮がパリッとするまで10分間ほど焼く（片面焼きの場合は途中、上下を返す）。

3　アツアツの2を1に加え、時々上下を返しながら常温に1時間ほどおき、味をなじませる。

［全量1130kcal　調理時間15分（冷ます時間、味をなじませる時間は除く）］

21
101

保存
冷蔵庫で
約1週間

私の故郷、新潟県の郷土料理。
冷蔵庫のない時代に
日もちさせるために考えられました

白身魚の塩昆布あえ

程よいねっとり感が楽しめる、手軽な昆布締めです。

けん□つくりやすい分量

白身魚(刺身用／さく)＊　100g

A
塩昆布(細切り)　5g
オリーブ油　大さじ1

＊たい、すずきなど好みのもの。

1　白身魚はそぎ切りにする。

2　1とAをあえる。冷蔵庫に10分間以上おき、味をなじませる。

［全量280kcal　調理時間5分(味をなじませる時間は除く)］

保存はせずに食べきりましょう。

あじのなめろう

あじはプリッとした食感が楽しめる程度にたたくのがコツ。
薬味の清涼な香り、みそのコクで、あじのうまみが引き立ちます。

材料（つくりやすい分量）
あじ（刺身用／三枚におろしたもの）　100g
オクラ　3本（30g）
みょうが　1コ（15g）
青じそ　2枚
しょうが　1かけ
◎みそ

1　あじは細かく切り、包丁で粗くたたく。
2　オクラはラップで包み、電子レンジ（600W）に40秒間かけて冷水にとり、ヘタとガクを除いて小口切りにする。みょうがも小口切りにする。青じそ、しょうがは粗みじん切りにする。
3　ボウルに**1**、**2**、みそ小さじ2を入れ、混ぜ合わせる。
［全量160kcal　調理時間10分］

保存はせずに食べきりましょう。

ご飯にのせて、青じそで包んで食べるのもおすすめ！

33

ぶりのなめろう

隠し味のしょうゆで、
ぶりのくせはすっきり、うまみはアップ！

材料（つくりやすい分量）
ぶり（刺身用／そぎ切りにしたもの）　100g
ねぎ　¼本（25g）
しょうが　1かけ
A ［ みそ　小さじ2
　　 しょうゆ　少々 ］

1　ぶりは細かく切り、包丁で粗くたたく。
2　ねぎ、しょうがはみじん切りにする。
3　ボウルに**1**、**2**、Aを入れ、混ぜ合わせる。
［全量240kcal　調理時間7分］

保存はせずに食べきりましょう。

24
101

サーモンの
エスニックなめろう

サーモンをアジア風の味つけにした、
新感覚のなめろうです。

材料（つくりやすい分量）
サーモン（刺身用／さく）　100g
パクチー　½枝
ミックスナッツ（素焼き／食塩不使用）　20g
A ┌ ナムプラー　小さじ2
　 └ ごま油・レモン汁　各小さじ1
◎塩

1　サーモンは細かく切り、包丁で粗くたたく。
パクチー、ミックスナッツは粗く刻む。
2　ボウルに**1**とAを混ぜ合わせ、塩少々で味
を調える。

［全量420kcal　調理時間7分］

保存はせずに食べきりましょう。

25
101

まぐろスペシャル！

まぐろは、ご飯のおともに最強のお魚です！

まぐろのづけ

ネットリ、コクうま！ 安めのまぐろでも極上の味わいに。

材料（つくりやすい分量）
まぐろ（赤身／刺身用／さく）＊ 100g
つけ汁
［ 酒 大さじ2
└ みりん・しょうゆ 各大さじ1
＊切り落としでもよい。

1 つけ汁をつくる。鍋に酒、みりんを入れて中火で煮立たせ、アルコール分をとばす。しょうゆを加えて混ぜる。火を止めて冷まし、清潔な保存容器に入れる。
2 まぐろはそぎ切りにし、1に加えて冷蔵庫に30分間以上おき、味をなじませる。
［全量180kcal 調理時間5分（冷ます時間、味をなじませる時間は除く）］

26 / 101

保存 冷蔵庫で約2日間

まぐろの赤身は高たんぱく・低脂質で、ヘルシーさでは魚介の中でもトップオブトップ！特にダイエットや筋トレをする人には、すごくいいお魚なんですよ

まぐろの洋風づけ

マスタードとレモンの酸味が爽やかな、
マリネ風のづけです。

材料（つくりやすい分量）
まぐろ（赤身／刺身用／さく）*　100g
つけ汁
[しょうゆ・オリーブ油　各小さじ1
[粒マスタード・レモン汁　各小さじ½
＊切り落としでもよい。

1　つけ汁の材料を混ぜ、清潔な保存容器に
入れる。
2　まぐろはそぎ切りにし、**1**に加えて冷蔵庫
に10分間ほどおき、味をなじませる。
［全量180kcal　調理時間5分（味をなじませ
る時間は除く）］

27
101

保存
冷蔵庫で
約2日間

まぐろのユッケ

ピリッと辛い韓国風のづけです。
卵黄をのせて食べても。

材料（つくりやすい分量）
まぐろ（赤身／刺身用／さく）*　100g
つけ汁

```
コチュジャン　小さじ2
しょうゆ　小さじ1
砂糖　小さじ½
にんにく・しょうが（各すりおろす）　各½かけ分
ごま油・黒ごま　各小さじ1
```

*切り落としでもよい。

1　ボウルにつけ汁の材料を混ぜる。
2　まぐろは2cm角に切り、**1**に加えて軽く混ぜる。清潔な保存容器に入れて冷蔵庫に10分間ほどおき、味をなじませる。好みで、食べるときに韓国のり適宜（分量外）をちぎって散らす。
［全量230kcal　調理時間5分（味をなじませる時間は除く）］

28
101

保存
冷蔵庫で
約2日間

39

まぐろとアボカドのみそ漬け

みそ床はからめる程度の量で、
まろやかな味わいに仕上げます。

材料（つくりやすい分量）
まぐろ（赤身／刺身用／さく）＊　100g
アボカド　1コ（正味120g）
みそ床
「みそ　大さじ2
└ みりん（煮きったもの）　大さじ1
＊切り落としでもよい。

1　アボカドは縦半分に切って種と皮を除く。ま
ぐろはそぎ切りにする。
2　ボウルにみそ床の材料をよく混ぜ、**1**を加
えてなじませる。清潔な保存容器に入れて冷蔵
庫に一晩おき、味をなじませる。アボカドは食べ
るときに1cm厚さに切る。
［全量450kcal　調理時間5分（味をなじませ
る時間は除く）］

29
101

保存
冷蔵庫で
約4日間

まぐろたくあん納豆

居酒屋で人気の「まぐろ納豆」に、
たくあんを加えて食感をアップ。

材料（つくりやすい分量）
まぐろ（赤身／刺身用／さく）＊　50g
たくあん　3枚（30g）
納豆　1パック（40g）
◎しょうゆ
＊切り落としでもよい。

1　まぐろは1cm角に切る。たくあんはせん切りにする。
2　ボウルに**1**と納豆を混ぜ合わせ、好みでしょうゆ適宜を加える。
［全量160kcal　調理時間5分］

30
101

保存
冷蔵庫で
約2日間

まぐろそぼろ

まぐろはくずしながら煮て、しっかりと味を含ませます。
角煮をつくるより、手軽で簡単。

材料（つくりやすい分量）
まぐろ（刺身用／切り落とし）　100g

A ┌ しょうが（せん切り）　1かけ分
　│ しょうゆ・酒・みりん　各大さじ1
　└ 砂糖　小さじ1

1　鍋にAを入れて中火で煮立たせ、まぐろを加える。菜箸で細かくくずしながら、3分間ほど煮る。
2　全体に照りが出たら火を止め、冷ます。
［全量190kcal　調理時間7分（冷ます時間は除く）］

高級なまぐろは刺身で食べるのがいちばんおいしいので、おともには手ごろな赤身で十分です。切り落としや中落ちを使っても

31
101

保存
冷蔵庫で
約1週間

ちょっと一息

column

ご飯のおはなし ①

ご飯をおいしく炊く！

米の鮮度、とぎ方、吸水によって
炊き上がりは左右されます

　精米した白米は鮮度が命。なるべく新しいものを選び、精米日から1か月以内に食べきれる量を購入しましょう。精米技術の進歩で「お米は洗うだけでいい」ともいわれますが、といだほうが確実においしくなります。精米した米のでんぷん層の表面には、糊粉層（ぬかの層の一部）が残っていて、時間とともに劣化するんです。この糊粉層を除くためにとぐのですが、水の中では米どうしが摩擦しないので、水けをきってからとぐのがコツ。とぐときは必ず冷水にしてください。お湯を使うと酵素の働きにより、お米のでんぷんが変化し、うまみが逃げてしまいます。吸水は、最近の炊飯器では自動でできますが、鍋炊きの場合は必要です。冷蔵庫で2時間以上が理想ですが、日常的には常温で夏は30分、冬は1時間くらいで大丈夫です。

**保存は
冷蔵庫がベスト**

お米の大敵は、酸素、高温、湿気。密閉できる保存袋か容器に移して冷蔵庫で保存しましょう。購入時の米袋は酸素や湿気を通す素材なので、そのまま冷蔵庫に入れると劣化を早めます。

米をとぐ

ぬかのくさみが出た水をお米が吸収しないように、米とぎは3分以内に手早く！

ボウルに冷水を入れ、米を一気に加えて軽く混ぜ、すぐに水を捨てます。

※米の表面の汚れを取ります。米は水に触れた瞬間から水を吸い始めるので、汚れた水に触れる時間は短くしましょう。

水をきった状態で、米を10〜20回、大きくかき回しながらとぎます。

※指先はソフトボールをつかむくらいの大きさに開いてかき回します。米どうしをこすり合わせ、摩擦によって表面の糊粉層をはがします。そんなに力を入れる必要はありません。

冷水を注ぎ、白く濁った水を捨てます。2と同様にといですすぎ、最後にもう一度冷水を注ぎ、濁った水を捨てます。

※水面に浮かぶ白い粒子が、米とぎではがれた糊粉層。最後のすすぎは、米がうっすらと透けるくらいに濁った状態がベスト。完全に透明になったら、すすぎ過ぎです。においが気になったり、白い粒子がまだ浮くようなら、もう一度、といですすぎます。

米をざるに上げて20〜30秒間おき、水けをきります。

※ざるに上げた状態で長く放置すると、米が乾燥して割れやすくなるので気をつけましょう。

吸水・ほぐし・冷凍保存

吸水

冷たい水を米にゆっくりと吸水させるのが、米の甘みを引き出すポイント。冷蔵庫で2時間以上吸水させると、一年中どの季節でもぶれずにおいしく炊き上がります。朝食にご飯を炊くなら、前の晩から冷蔵庫に入れておくとよいでしょう。

ほぐし

炊飯器は蒸らしまで自動でできるので、炊き上がったらすぐにふたを開け、ご飯をほぐして余分な水分をとばします。ご飯の表面をしゃもじで十文字に切り、分割ごとに、ご飯をつぶさないようにして底から上下を返しましょう。鍋炊きの場合は、ふたをしたまま10分間蒸してからほぐします。

ご飯の冷凍と解凍

ご飯は1食分（150〜200g）ずつ、温かいうちに蒸気ごとラップで包んでバットに入れ、ならします。常温になるまで冷まし、冷凍庫へ。解凍は電子レンジで。1食分につき電子レンジ（600W）で3〜4分間が目安。

第二章

山の幸で、
ご飯のおとも！

この章に登場するのは、きのこ、野菜、豆・豆加工品。
とりあえず一品でも冷蔵庫にあれば、野菜不足解消や
栄養補給に貢献し、気分的に楽になる「おとも」です。
使いきれずに半端に残った食材を生かせば、サステナブル！
ご飯のおともって、そのためにわざわざ食材を買ってつくるよりも、
余った材料で臨機応変につくるくらいがちょうどいい。
私もふだん、食材が余ったときにちょこちょこと仕込んでいます。

いろいろきのこのなめたけ

えのきの定番常備菜「なめたけ」をミックスきのこでアレンジ。
えのき1種類でつくるより、香りもうまみも広がります。

材料（つくりやすい分量）
えのきだけ　1袋（100g）
まいたけ・しめじ　（合わせて）150g

A
┌ だし　カップ1
│ しょうゆ・みりん・酒　各大さじ2
└ 赤とうがらし（小口切り）　小さじ1

しっかり煮詰めることで、保存性が高まります。

1　えのきだけは根元を除いて長さを3等分に切る。まいたけはほぐす。しめじは根元を除いてほぐす。
2　鍋にAを入れて中火で熱し、煮立ったら**1**を加えて6〜8分間煮る。汁けが⅓量になったら（写真左）、火を止めて冷ます。
［大さじ1で7kcal　調理時間15分（冷ます時間は除く）］

32
101

保存
冷蔵庫で
4〜5日間

味の要となるえのき以外のきのこは、生しいたけやエリンギなどお好みで。甘めが好みなら、砂糖を加えても

焦がしきのことひじき炒め

カリッと香ばしく炒めて、食感とうまみをアップ！

材料（つくりやすい分量）
生しいたけ* 3〜4枚（50g）
まいたけ* 1パック（100g）
エリンギ* ½パック（50g）
芽ひじき（乾） 大さじ1
にんにく（みじん切り） 小さじ1
赤とうがらし（小口切り） 小さじ1
◎オリーブ油／しょうゆ
*好みのきのこを合わせて200gでもよい。

1 ひじきはサッと洗い、たっぷりの水に5〜10分間つけて戻す。しいたけは軸を除いて薄切りにする。まいたけは細く裂く。エリンギは食べやすい大きさの薄切りにする。
2 フライパンにオリーブ油大さじ1を強火で熱して**1**のきのこを入れ、表面がカリッとするまで3分間ほど炒める。
3 水けをきったひじき、にんにく、赤とうがらしを加えて中火で炒める。香りがたったら、しょうゆ大さじ1を加えて軽く混ぜる。火を止めて冷ます。
［全量190kcal 調理時間10分（ひじきを水につけて戻す時間、冷ます時間は除く）］

33
101

保存
冷蔵庫で
4〜5日間

材料（つくりやすい分量）

生しいたけ* 3〜4枚（50g）

まいたけ* 1パック（100g）

しめじ* ½パック（50g）

A ┌ しょうが（みじん切り） 1かけ分
　├ ねぎ（みじん切り） ⅕本分（20g）
　└ にんにく（みじん切り） ½かけ分

B ┌ みそ・酒・練りごま（白） 各大さじ1
　├ 砂糖 小さじ2
　└ しょうゆ 小さじ1

◎ごま油

*好みのきのこを合わせて200gでもよい。

1 しいたけは根元の堅い部分を切り落とし、八つ割りにする。まいたけはほぐす。しめじは根元を除き、長さを半分に切る。

2 A、Bはそれぞれ混ぜ合わせる。

3 フライパンにごま油大さじ2を強火で熱して**1**を入れ、焼き色がつくまで3分間ほど炒める。Aを加え、香りがたつまで炒める。Bを加えて汁けがなくなるまで煮詰め、火を止めて冷ます。

［大さじ1で30kcal 調理時間10分（冷ます時間は除く）］

きのこタンタンみそ

タンタン麺の味をイメージした、きのこの中華風炒め煮。

34
101

保存
冷蔵庫で
4〜5日間

材料（つくりやすい分量）
ゴーヤー　（小）1本（150g）
しょうが（せん切り）　1かけ分
赤とうがらし（小口切り）　小さじ½
A
- 酒　大さじ3
- 砂糖　大さじ1
- しょうゆ　大さじ3
- みりん　大さじ1

◎ごま油

1　ゴーヤーは縦半分に切って種とワタを除き、小口から薄切りにする。
2　鍋にごま油小さじ2を中火で熱し、しょうが、赤とうがらし、**1**を入れて2分間炒める。Aを順に加えてなじませ、炒める。汁けがなくなったら、火を止めて冷ます。
［大さじ1で19kcal　調理時間10分（冷ます時間は除く）］

ゴーヤーのきんぴら
甘辛いきんぴらにすると、ゴーヤーの苦みが和らぎます。

35
101

保存
冷蔵庫で
約3日間

揚げ玉きんぴら

揚げ玉を入れると、
かき揚げ丼風の味わいが楽しめます。

材料（つくりやすい分量）
ごぼう　¼本（50g）
にんじん　¼本（40g）
A ┌ しょうゆ・砂糖　各大さじ1
　└ 酒　大さじ1
揚げ玉　大さじ2
◎サラダ油

1　ごぼうは皮をこそげ取って5mm角に切り、サッと水にさらす。にんじんも同じ大きさに切る。
2　フライパンにサラダ油小さじ2を中火で熱し、1を入れて1分間ほど炒める。Aを加えて2〜3分間炒める。
3　汁けがなくなったら、揚げ玉を加えて混ぜる。火から下ろして冷ます。
［大さじ1で27kcal　調理時間10分（冷ます時間は除く）］

36
101

保存
冷蔵庫で
3〜4日間

じゃこピーマン

カリカリじゃこ & ほろ苦ピーマンは、昔から定番の最強コンビ！

材料（つくりやすい分量）

ちりめんじゃこ　大さじ4（20g）

ピーマン　4コ（160g）

A
　酒・みりん　各大さじ1
　白ごま　小さじ2

◎ごま油／塩

1　ピーマンは縦半分に切り、ヘタと種を取って縦に細切りにする。

2　フライパンにごま油大さじ1、ちりめんじゃこ、1を入れて中火で2分間炒める。

3　Aを加え、炒める。汁けがなくなったら、塩少々で味を調え、火から下ろして冷ます。

［大さじ1で22kcal　調理時間7分（冷ます時間は除く）］

材料（つくりやすい分量）
高菜漬け（刻んだもの）　100g
削り節　10g
◎ごま油／しょうゆ

1　フライパンにごま油大さじ1を中火で熱し、高菜漬けを入れて1分間炒める。
2　削り節を加え、しょうゆ小さじ1を鍋肌から流し入れて軽く混ぜる。火を止めて冷ます。
［大さじ1で16kcal　調理時間5分（冷ます時間は除く）］

38
101

保存
冷蔵庫で
約1週間

高菜のおかか炒め

おかかのうまみで、高菜漬けがさらにおいしくなります。

材料（つくりやすい分量）
ほうれんそう　1ワ（200g）
ベーコン（薄切り）　2枚（30g）
白ごま　大さじ1
◎塩

1　ほうれんそうは熱湯でサッとゆで
て冷水にとり、水けを絞って2〜3cm
長さに切る。ベーコンは横に5mm幅に
切る。
2　フライパンに油をひかずにほうれん
そうを入れて弱めの中火にかけ、5分間
からいりする。ベーコンを加え、ベーコ
ンがカリカリになるまで5分間ほど炒め
合わせる。
3　水分がとんだら、白ごまと塩小さじ
½を加えて混ぜる。火を止めて冷ます。
［大さじ1で17kcal　調理時間15分
（冷ます時間は除く）］

ほうれんそうとベーコンのふりかけ
パリパリほうれんそうが新鮮。卵かけご飯にも合います。

保存
冷蔵庫で
約5日間

材料（つくりやすい分量）

こんにゃく（アク抜き不要のもの）
　½枚（120g）

A ┌ みりん　大さじ1
　│ みそ　小さじ2
　└ 砂糖　小さじ1

赤とうがらし（小口切り）　小さじ½

◎ごま油

1　こんにゃくは麺棒でたたいてから
スプーンで一口大にちぎる（写真下）。
2　Aは混ぜ合わせる。
3　フライパンにごま油小さじ1を中火
で熱して1を入れ、水分をとばすように
5分間ほど炒める。水分がほとんどなく
なったら、2と赤とうがらしを加えてなじ
ませる。火を止めて冷ます。
［大さじ1で15kcal　調理時間10分（冷
ます時間は除く）］

ピリ辛みそこんにゃく

しょうゆの甘辛煮よりこっくりとして、
ご飯によく合います。

包丁で切るより表面積が大
きくなり、味のしみ込みがよく
なります。

40
101

保存
冷蔵庫で
3〜4日間

切り干し大根の酢じょうゆ漬け

隠し味の砂糖で、うまみを最大限に引き出します。

材料（つくりやすい分量）
切り干し大根（乾）　20g
昆布（2cm四方）　1枚（2g）
A ┌ 酢・しょうゆ　各大さじ1
　│ 砂糖　小さじ½
　└ 赤とうがらし（小口切り）　小さじ½

1　切り干し大根はボウルに入れ、水を2〜3回かえながら洗う。水けをきり、たっぷりの水に15分間ほどつけて戻す。水けを絞り、食べやすい長さに切る。昆布は2〜3等分に切る。

2　ボウルに**1**とAを入れて混ぜる。清潔な保存瓶に入れ、冷蔵庫で30分間以上おいて味をなじませる。

［大さじ1で11kcal　調理時間7分（切り干し大根を戻す時間、味をなじませる時間は除く）］

材料（つくりやすい分量）
たまねぎ　¼コ（50g）

A ┃ しょうゆ・酢　各大さじ2
　 ┃ オリーブ油　小さじ2

1　たまねぎは5〜7mm角に切り、清潔な保存瓶に入れる。
2　Aを混ぜ、**1**に加えて冷蔵庫に半日間おき、味をなじませる。
［大さじ1で17kcal　調理時間3分（味をなじませる時間は除く）］

42
101

保存
冷蔵庫で
4〜5日間

たまねぎの酢じょうゆオイル漬け

オイルで酸味がまろやかに。カレーにも合います。

にらのしょうゆ漬け

パンチが効いたスタミナ漬け。ラーメンのトッピングにも。

材料（つくりやすい分量）
にら　½ワ（50g）

A
- しょうゆ　大さじ6
- ごま油　大さじ1
- にんにく（つぶす）　1かけ
- 赤とうがらし　1本

◎みりん／酒

1　にらは1cm幅に切る。
2　鍋にみりん・酒各大さじ3を入れて中火で煮立たせ、アルコール分をとばす。Aを加えて混ぜ、火を止める。
3　**2**の粗熱が取れたら**1**を加える。清潔な保存瓶に入れて冷蔵庫に1時間ほどおき、味をなじませる。
［大さじ1で25kcal　調理時間7分（粗熱を取る時間、味をなじませる時間は除く）］

43
101

保存
冷蔵庫で
約1週間

パクチーのしょうゆ漬け

ほかの料理に葉を使ったあとに
残った茎や根だけを漬けても。

材料（つくりやすい分量）
パクチー　1ワ（35g）
A ┌ しょうゆ　カップ½
　│ 赤とうがらし（種は除く）　⅓本
　└ にんにく（つぶす）　1かけ

1　パクチーは根も含めてみじん切りにし、清潔な保存瓶に入れる。
2　Aを加えて冷蔵庫に1時間ほどおき、味をなじませる。
［大さじ1で10kcal　調理時間5分（味をなじませる時間は除く）］

目玉焼きのっけご飯に
かけて食べると、
最高においしいですよー

44
101

保存
冷蔵庫で
約1週間

材料（つくりやすい分量）
青とうがらし　20〜30本（30g）

A [米こうじ（乾）　30g
　　しょうゆ　大さじ2]

1　青とうがらしは種ごと5mm幅の薄
切りにする。

※青とうがらしを素手で扱うと手指が痛むこと
があるので、使い捨ての手袋をはめて作業す
るとよい。

2　清潔な保存瓶に**1**とAを入れて軽
く混ぜ、常温に1週間以上おいてなじ
ませる。

※1週間後から食べられるが、時々混ぜながら
1〜3か月間熟成させるとトロトロになり、おい
しくなる。

［大さじ1で22kcal　調理時間5分（な
じませる時間は除く）］

三升漬け
さんしょう

北海道・東北地方の保存食で、材料を一升ずつ漬けたのが名前の由来。

45
101

保存
常温で
約半年間

青じその全体にAを塗るよう
になじませます。

青じその韓国風漬け

えごまの葉でつくる韓国の常備菜をアレンジ。
ご飯を包んで食べると美味。

材料（つくりやすい分量）
青じそ　10 枚

A
- しょうゆ・コチュジャン・
  ごま油・白ごま　各大さじ1
- 砂糖・にんにく（すりおろす）
  各小さじ1
- 一味とうがらし　小さじ½

1　Aをよく混ぜ、清潔な保存容器に入れる。青じそは軸を切って1枚ずつ加え、そのたびにゴムべらでなじませる（写真左上）。

2　ラップをピッチリとして冷蔵庫に1時間以上おき、味をなじませる。
[1枚で22kcal　調理時間7分（味をなじませる時間は除く）]

きゅうりとしょうがの甘辛漬け

人気の「きゅうりのしょうゆ漬け」の自家製版。
ポリポリの食感が最高！

保存
冷蔵庫で
約10日間

水を加えてもみ込むことで、塩が全体に回りやすくなります。

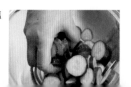

材料（つくりやすい分量）

きゅうり（小）2本（180g）

A
- 水　大さじ1
- 塩　小さじ½

漬け汁
- しょうゆ　大さじ3
- みりん　大さじ2
- 砂糖　大さじ1

B
- しょうが（せん切り）　1かけ分
- 赤とうがらし（小口切り）　小さじ2

◎酢

1　きゅうりは両端を切り落とし、5mm厚さの輪切りにしてボウルに入れる。Aを加えてもみ込み（写真下）、30分間おいて水けを絞る。

2　鍋に漬け汁の材料を入れて中火にかけ、煮立ったら、**1**とBを加えて1分間ほど煮る。酢大さじ2を回し入れ、火を止めて冷ます。清潔な保存瓶に漬け汁ごと入れて冷蔵庫で一晩おき、味をなじませる。

［大さじ1で4kcal　調理時間10分（きゅうりにAをもみ込んでおく時間、冷ます時間、味をなじませる時間は除く）］

材料（つくりやすい分量）

たくあん　40g

きゅうり　½本（50g）

ザーサイ（味つき）　20g

しょうが（すりおろす）　½かけ分

白ごま　小さじ1

1　たくあん、きゅうり、ザーサイはせん切りにして混ぜ合わせる。

2　しょうがと白ごまを加えて混ぜ、冷蔵庫で30分間おいて味をなじませる。
［大さじ1で4kcal　調理時間5分（味をなじませる時間は除く）］

※水飯のつくり方はP.102参照。

本来は塩辛くなったぬか漬けや古漬けを塩抜きして使いますが、市販のたくあんとザーサイで簡単においしく仕上げます

かくやあえ

江戸時代から伝わる料理。夏は水飯（すいはん）、冬はお茶漬けで楽しんでも。

48
101

保存
冷蔵庫で
3～4日間

カレー大豆

豆のドライカレー風が手軽に楽しめます。

材料（つくりやすい分量）
蒸し大豆（ドライパック）　1袋（100g）
たまねぎ（みじん切り）　¼コ分（50g）
にんにく・しょうが（各すりおろす）
　　各小さじ1

A
水　大さじ4
トマトケチャップ　大さじ1
みそ　小さじ1
カレー粉　小さじ½

◎オリーブ油

1　Aは混ぜ合わせる。
2　フライパンにオリーブ油大さじ1を
中火で熱し、たまねぎ、にんにく、しょう
がを入れる。香りがたったら、蒸し大豆
と1を加える。木べらで大豆を軽くつぶ
しながら全体を混ぜ合わせる。火を止
めて冷ます。
［大さじ1で23kcal　調理時間5分（冷
ます時間は除く）］

きりざい

余った漬物や野菜を刻んで納豆に混ぜた、
新潟県の郷土料理です。

材料（つくりやすい分量）
納豆　1パック（40g）
野沢菜漬　40g
たくあん　2枚（20g）
白ごま　大さじ1
削り節　2g
◎しょうゆ

1　野沢菜漬、たくあんはみじん切りにし、ボウルに入れる。
2　納豆、白ごま、削り節、しょうゆ小さじ1を加えて混ぜる。
［大さじ1で15kcal　調理時間5分］

50
101

保存
冷蔵庫で
約2日間

「きり」は切る、「ざい」は野菜。
納豆が貴重なたんぱく源の時代に、
余り野菜でかさ増ししたのが由来。
豆板醤（トーバンジャン）を加えても！

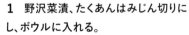

けんちんそぼろ

いり豆腐に彩り野菜を混ぜて、栄養アップ！

材料（つくりやすい分量）
木綿豆腐　½丁（200g）
にんじん　⅛本（20g）
さやいんげん　2本（20g）
A┌ 削り節　2g
　└ しょうゆ・みりん　各大さじ1
◎ごま油

1　豆腐はざるにのせ、サッと水けをきる。にんじんはせん切りにする。さやいんげんは筋があれば取り、1cm幅の斜め切りにする。
2　フライパンにごま油大さじ1を中火で熱して**1**の豆腐を入れ、豆腐をくずしながら4分間ほど炒める。
3　**2**の水分がなくなったら、**1**の野菜を加えて1分間ほど炒める。Aを加えてなじませ、火を止めて冷ます。
［大さじ1で26kcal　調理時間10分（冷ます時間は除く）］

51
101

保存
冷蔵庫で
約3日間

焦がさないように気をつけて、
水分をしっかりとばします。

カレーツナおから

栄養満点おからに、ツナでうまみを加えて
スパイシーなふりかけに。

材料（つくりやすい分量）

ツナ（缶詰／フレーク／油漬け）
　（小）1缶（70g）

A
　おから　60g
　カレー粉　小さじ2
　にんにく（すりおろす）　小さじ1
　塩　小さじ½

1　ツナは缶汁をきる。
2　フライパンに1とAを入れて中火に
かけ、3～4分間いる（写真上）。汁けが
とんでカラカラになったら、火から下ろ
して冷ます。
［大さじ1で22kcal　調理時間10分（冷
ます時間は除く）］

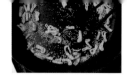

水分をしっかりとばし、カリッと
仕上げます。

材料（つくりやすい分量）
油揚げ　1枚（20g）
削り節　10g
塩昆布（細切り）　5g
A　┌ みりん　大さじ1
　　└ しょうゆ　小さじ1
白ごま　大さじ1

1　油揚げは5mm幅、3cm長さに切る。
2　塩昆布はAと混ぜる。
3　フライパンに1と白ごまを入れて中火にか
け、油揚げがカリッとするまで1分間ほどから
いりする（写真上）。2と削り節を加えて混ぜ、な
じませる。火を止めて冷ます。
［大さじ1で32kcal　調理時間10分（冷ます時
間は除く）］

油揚げの
おかかふりかけ

おむすびにもおすすめ！
香ばしさと食感がアクセント。

油揚げの甘辛煮

油揚げはしっかりと煮詰め、
パリッとした食感に仕上げます。

材料（つくりやすい分量）

油揚げ　2枚（40g）

A ┌ しょうゆ・酒　各大さじ2
　 └ 砂糖・みりん　各大さじ2

1　油揚げは熱湯を回しかけて油抜きをし、5
mm幅に切る。

2　鍋にAを入れ、中火で煮立たせる。**1**を加え、
5分間ほど煮る。汁けがなくなったら、火を止
めて冷ます。

［大さじ1で43kcal　調理時間10分（冷ます
時間は除く）］

すし飯に混ぜて、
いなりずし風
おにぎりにしても！

54
101

保存
冷蔵庫で
約1週間

なめみそスペシャル!

これだけでご飯がすすんで困っちゃう!?

さばみそ

さばをツナ、さけ、いわし、さんまの水煮にかえても。パンにも合います!

材料（つくりやすい分量）
さばの水煮（缶詰）　（小）1缶（120g）

A
- みそ　大さじ4
- ねぎ（みじん切り）
　½本分（50g）
- 砂糖　小さじ1

1　さばの水煮は缶汁をきる。
2　ボウルに入れ、Aを加えてよく混ぜ合わせる。
［大さじ1で35kcal　調理時間5分］

```
55
101
```

保存
冷蔵庫で
約1週間

みその種類はお好みで。
商品によって塩分が違うので、
レシピの分量を基準にし、
味をみて加減してください。
だし入りのタイプは
味が変わってしまうので
使わないでくださいね

えびみそ

プリプリのえびそぼろをなめみそに！

材料（つくりやすい分量）

むきえび　100g

A
　みそ・酒・みりん　各大さじ1
　砂糖　小さじ1

◎かたくり粉／サラダ油

1　むきえびは背ワタがあれば竹串で除き、かたくり粉適量でもんで、水で洗って水けを拭き、包丁で粗くたたく（写真下）。Aは混ぜ合わせる。

2　フライパンにサラダ油大さじ1を中火で熱し、**1**のえびを入れて炒める。火が通ったらAを加えてなじませ、火を止めて冷ます。

［大さじ1で26kcal　調理時間10分（冷ます時間は除く）］

えびは食感が残るくらいにたたきます。

56
101

保存

冷蔵庫で
約1週間

73

豚みそ

沖縄の定番常備菜。お湯で溶くと即席豚汁も楽しめます。

材料（つくりやすい分量）
豚バラ肉（塊）　120g
A［酒（あれば泡盛か焼酎）　大さじ3
　　黒砂糖（粉末）*　大さじ3
しょうが（すりおろす）　小さじ1
◎みそ
*砂糖大さじ2で代用できる。

1　豚肉は1cm角に切り、熱湯でサッとゆでて余分な脂を落とす。
2　フライパンに**1**とAを入れ、弱めの中火にかける。煮立ったら、みそ大さじ4½弱（80g）を加え、ぽってりするまで耐熱のゴムべらで練り混ぜる（写真下）。
3　しょうがを加えて軽く混ぜ、火を止めて冷ます。
［大さじ1で28kcal　調理時間10分（冷ます時間は除く）］

57
101

保存
冷蔵庫で
約2週間

汁けがとんで、とろみがつくまで練り混ぜます。

ナッツみそ

手間のかかる「ピーナツみそ」を
手軽にアレンジ！

材料（つくりやすい分量）
ミックスナッツ（素焼き／食塩不使用）　50g
A ┌ みそ・砂糖　各大さじ1
　└ みりん　大さじ1
白ごま　小さじ1

1　ミックスナッツは包丁で粗く刻む。
2　Aは混ぜ合わせる。
3　フライパンに**1**と白ごまを入れて弱めの中火にかけ、からいりする。香ばしい香りがたったら**2**を加えてなじませ、火を止めて冷ます。
［大さじ1で49kcal　調理時間7分（冷ます時間は除く）］

58
101

保存
冷蔵庫で
約1週間

梅にんにくみそ

梅＆にんにくのスタミナなめみそ。
野菜のディップやあえ衣にも。

材料（つくりやすい分量）
梅干し（塩分14％）　2コ（正味12ｇ）
A ┌ にんにく（すりおろす）　1かけ分
　│ 削り節　4ｇ
　└ みそ　大さじ4

1　梅干しは種を除き、包丁でたたく。
2　Aを加えて混ぜる。
［大さじ1で25kcal　調理時間5分］

59
101

保存
冷蔵庫で
約1か月間

ねぎみそ

ねぎの風味に柚子が爽やかに香る
なめみそです。

材料（つくりやすい分量）
ねぎ（みじん切り）　½本分（50g）
柚子の皮（せん切り）　¼コ分
◎みそ／みりん（煮きったもの）

ボウルにみそ大さじ3弱（50g）を入れ、ねぎ、
柚子の皮、みりん小さじ1を加えて混ぜる。
［大さじ1で17kcal　調理時間3分］

60
101

保存
冷蔵庫で
約2週間

77

春の野菜みそ

クレソンとパセリの香りみそ

ふきのとうみそのほろ苦い春のおいしさを、
身近な野菜でアレンジ。

材料（つくりやすい分量）
クレソン　1ワ（40g）
パセリの葉　½枝分（15g）
A ┌ みそ・酒　各大さじ1
　 └ 砂糖　小さじ1
にんにく（みじん切り）　1かけ分
白ごま　小さじ1
◎オリーブ油

1　クレソンとパセリの葉はみじん切りにする。
2　Aは混ぜ合わせる。
3　フライパンにオリーブ油大さじ1、にんにくを入れて弱火にかける。香りがたったら、**1**を加えて中火にし、炒める。**2**を加えてなじませ、白ごまを加えて軽く混ぜ、火を止めて冷ます。
［大さじ1で23kcal　調理時間10分（冷ます時間は除く）］

61
101

保存
冷蔵庫で
約1週間

夏の野菜みそ

なすとピーマンの甘みそ

夏になると食べたくなる、昔からの定番常備菜。

材料（つくりやすい分量）
なす　1コ（90g）
ピーマン　（大）1コ（50g）

A
┌ みそ　大さじ2
│ 砂糖・酒・みりん　各大さじ1
└ すりごま（白）　大さじ1

◎サラダ油

1　なすはヘタを除いて1.5cm角に切り、水に5分間つけてアクを抜く。ピーマンは縦半分に切ってヘタと種を除き、1cm四方に切る。
2　Aは混ぜ合わせる。
3　フライパンにサラダ油大さじ1を強めの中火で熱し、**1**を入れて炒める。**2**を加えてなじませ、火を止めて冷ます。
［大さじ1で22kcal　調理時間10分（なすのアクを抜く時間、冷ます時間は除く）］

62
101

保存
冷蔵庫で
約1週間

79

しいたけとにんじんのバターみそ

バター＆赤ワインで、ほんのり洋風に仕上げます。

材料（つくりやすい分量）

生しいたけ　4枚（60g）

にんじん　¼本（40g）

A｜ みそ　大さじ1½

　　みりん・赤ワイン・水　各大さじ1

にんにく（みじん切り）　½かけ分

◎バター

1　しいたけは根元の堅い部分を除き、縦に薄切りにする。にんじんはせん切りにする。

2　Aは混ぜ合わせる。

3　フライパンにバター10gとにんにくを入れ、弱火にかける。バターが溶けて香りがたったら、**1**を加えて中火で炒める。にんじんがしんなりしたら**2**を加え、なじませる。火を止めて冷ます。

［大さじ1で17kcal　調理時間10分（冷ます時間は除く）］

63
101

保存
冷蔵庫で
約1週間

冬の野菜みそ

根菜のしょうがみそ

ごぼうに粉をまぶし、
カリッと仕上げるのがおいしさのコツ。

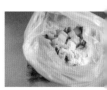

ごぼうにまぶした
粉でみそにとろみ
がつき、全体がト
ロッとまとまります。

材料（つくりやすい分量）
ごぼう　¼本（50g）
れんこん　50g

A
みりん・酒・水　各大さじ2
みそ　大さじ1½
砂糖　小さじ2
赤とうがらし（小口切り）
小さじ½

しょうが（みじん切り）　1かけ分
◎かたくり粉／ごま油

1　ごぼうは1cm角に切ってサッと水にさらし、水けを拭いてポリ袋に入れ、かたくり粉小さじ2を加え、袋を振ってまぶす（写真上）。れんこんも1cm角に切る。
2　Aは混ぜ合わせる。
3　フライパンにごま油大さじ1、しょうがを入れて弱めの中火にかける。香りがたったら**1**を加え、表面がカリッとするまで3〜4分間炒める。**2**を加えてなじませ、火を止めて冷ます。
［大さじ1で23kcal　調理時間12分（冷ます時間は除く）］

64
101

保存
冷蔵庫で
約1週間

ちょっと一息

おむすびをおいしくにぎる！

お米はしっかり吸水させて、炊きたてをにぎるのがコツ！

　おむすびで大切なのは、炊きたてのアツアツご飯を使うことと、力強くにぎらないこと。炊きたてのご飯は力を入れずに少ない回数でにぎれるので、ご飯がつぶれずにふんわりと柔らかく仕上がります。冷やご飯やレンチンで温めたご飯だと、ご飯粒どうしがうまく結着できず、力任せににぎることになってしまい、堅くなるんですね。また、ご飯は炊くときに吸水が足りないと、冷めてから堅くなってしまいます。おむすびは冷めてから食べることも多いので、お米はしっかりと吸水させて炊きましょう。おむすびを包む場合は、専用のシートかアルミ箔で。ラップはピッチリとしすぎて蒸気がこもり、ベタつくのでおすすめできません。その点、アルミ箔は空気の隙間ができて蒸気が逃げるので、よい状態をキープできますよ。

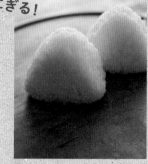

にぎるときの習慣

私はふだんから、素手ではなく使い捨て手袋かラップを使って、おむすびをにぎります。衛生面はもちろんですが、ご飯が手につかないので、作業が楽です。

塩むすびをつくる

ご飯の表面についた塩分とのコントラストで、ご飯の甘みが際立ちます。

1 塩をふる

2 ご飯を塩の上に置く

3 ご飯に塩をふる

4 やさしくにぎる

まな板に塩適量（おむすび1コにつき2〜3つまみが目安）をふります。

ご飯適量（100gくらいが目安）を手にとり、ふんわりと包むように丸くまとめ、ふった塩の上に置きます。

ご飯に塩1つまみをふります。

ご飯を手のひらにのせ、もう片方の手をへの字に曲げてかぶせ、軽く押さえて角をつくります。側面をやさしく押さえながら手前に6〜10回転がし、三角形に整えます。

俵形

ご飯を手のひらにのせて包むように指を丸めます。もう片方の手で両端をやさしく押さえながら手前に6〜10回転がし（写真右）、俵形に整えます。

両端は指でならすように押さえます。

丸形

ご飯を手のひらにのせて包むように指を丸めます。もう片方の手を丸めてかぶせ、手前に6〜10回転がし、丸く整えます（写真右）。

丸めた両手のひらで丸い形に転がします。

ご飯のおともを具材にする

※写真のおともは「明太チーズ」(P.18参照)を使用。

おともを詰めてにぎる

具材を詰める場合は、
ラップを使ってにぎります。

茶碗にラップを敷いてご飯
適量(100gくらいが目安)
を入れます。箸などで中央
にくぼみをつけ、好みのお
とも適量(小さじ1～2が目
安)をのせます。

おともの上に、ご飯少々を
かぶせるようにのせます。

ラップごと取り出し、手の
ひらにのせてラップを折り
たたみ、ご飯を包みます。

好みの形ににぎり、ラップ
から取り出します。好みで
ご飯に軽くくぼみをつけて
おとも少々をのせ、のり(全
形を3等分に切ったもの)1
枚を巻きます。

※写真のおともは「梅ちりめん」(P.21参照)を使用。

おともを混ぜてにぎる

混ぜすぎるとご飯がつぶれるので
気をつけて!

ボウルにご飯適量(100gく
らいが目安)を入れ、好みの
おとも適量(大さじ1～1½が
目安)を加えます。ザックリと
大きく2回ほど混ぜ、好みの
形ににぎります。

第三章

肉でガッツリ、ご飯のおとも！

私の肉の「おとも」は、主菜のかわりになるほどボリューム満点。
ご飯によく合う定番おかず、ご飯物や丼のトッピングの具を、
特徴がよくわかる味つけにしています。
ご飯と一緒に食べたら、「あの味だ！」と連想できるはず。
パンや麺など、ご飯以外の炭水化物に合わせるのもおすすめです。
ラーメンのトッピング、あえ麺やパスタ、サンドイッチの具など、
ほかの食材と組み合わせて "おかずのタネ" としても活用できますよ！

牛肉とごぼうのしぐれ煮

しょうがの風味が効いた、つくだ煮風の甘辛味！
汁けをよく煮詰め、しっかり味をつけるのがポイントです。

材料（つくりやすい分量）
牛こま切れ肉　200g
ごぼう　⅛本（40g）
A ［ しょうが（せん切り）　20g
　　しょうゆ・酒・みりん　各大さじ3
　　砂糖・水　各大さじ2 ］

1　牛肉は細かく切る。ごぼうはささがきにし、サッと水にさらす。
2　鍋にAを入れ、中火にかける。沸騰したら1を加え、混ぜながら10分間ほど煮る（写真左）。汁けがなくなったら、火を止めて冷ます。
［大さじ1で43kcal　調理時間20分（冷ます時間は除く）］

焦がさないように混ぜながら、
煮汁を含ませます。

肉でおともをつくるポイントは、
味をしっかり入れて、
汁けをよくとばすことです。
これを守れば、保存性が高まりますよ

65
101

保存
冷蔵庫で
3〜4日間

すき焼きつくだ煮

好みで生卵をトッピングすると、
すき焼き気分が上がります！

材料（つくりやすい分量）
牛こま切れ肉　150g
ねぎ　約⅓本（30g）
A　┌ しょうゆ・みりん　各大さじ2
　　└ 砂糖　小さじ2

1　牛肉は1cm幅に切る。ねぎは斜め薄切り
にする。
2　フライパンにAを入れ、中火にかける。煮
立ったら**1**を加え、ほぐしながら3〜4分間炒
める。汁けがなくなったら、火を止めて冷ます。
［大さじ1で35kcal　調理時間10分（冷ます
時間は除く）］

66
101

保存
冷蔵庫で
3〜4日間

プルコギつくだ煮

いつでも手軽に韓国風焼き肉が楽しめます。

材料（つくりやすい分量）
牛こま切れ肉　150g
たまねぎ　¼コ（50g）

A
- しょうゆ　大さじ2
- 砂糖　大さじ1½
- 酒・ごま油・白ごま　各大さじ1
- にんにく・しょうが（各すりおろす）
　　各小さじ½
- 一味とうがらし　小さじ½

1　牛肉は1cm幅に切る。たまねぎは縦に薄切りにする。
2　ポリ袋に**1**とAを入れ、袋の上からもむ。口を結んで常温に5分間おき、味をなじませる。
3　フライパンに**2**をつけ汁ごと入れて中火にかけ、菜箸でほぐしながら5分間ほど炒める。汁けがなくなったら、火を止めて冷ます。
［大さじ1で41kcal　調理時間10分（味をなじませる時間、冷ます時間は除く）］

67
101

保存
冷蔵庫で
3〜4日間

豚肉のしょうが焼きつくだ煮

しょうがを豚肉によくもみ込んで風味を移します。

材料（つくりやすい分量）
豚バラ肉（薄切り）　150g

A ┌ しょうが（すりおろす）　大さじ1
　└ 酒　大さじ1

B ┌ しょうゆ・みりん　各大さじ1½
　└ 砂糖　小さじ1

◎サラダ油

1　豚肉は1cm幅に切り、Aをもみ込んで5分間おき、味をなじませる。
2　鍋にサラダ油小さじ1と**1**をつけ汁ごと入れ、強めの中火にかける。肉から出た脂が透明になるまで2分間ほど炒める。Bを加えて3～4分間炒める。汁けがなくなったら、火を止めて冷ます。食べるときに、好みで黒こしょう（粗びき）適宜（分量外）をふる。
［大さじ1で49kcal　調理時間10分（味をなじませる時間、冷ます時間は除く）］

68
101

保存
冷蔵庫で
3～4日間

魯肉（ルーロー）つくだ煮

台湾の定番料理「魯肉飯（ルーローファン）」を手軽に再現！

材料（つくりやすい分量）

豚バラ肉（薄切り）　150g

A
- フライドオニオン（市販／刻んだもの）　10g
- しょうゆ・酒・水　各大さじ2
- 砂糖　大さじ1
- にんにく・しょうが（各すりおろす）　各小さじ1

五香粉（ウーシャンフェン／あれば）*　少々

◎ごま油

*八角、シナモン、花椒（ホワジャオ）など5種類のスパイスをミックスした、中華料理でよく使われる香辛料。

1　豚肉は1.5cm幅に切る。

2　フライパンに豚肉を入れて中火にかけ、ほぐしながら3分間ほど炒める。

3　肉から脂が出たら拭き、Aを加えてなじませるように5分間ほど炒める。汁けがなくなったら五香粉をふり、ごま油小さじ1を回しかける。火を止めて冷ます。

［大さじ1で50kcal　調理時間10分（冷ます時間は除く）］

69
101

保存
冷蔵庫で
3〜4日間

焼き鳥つくだ煮

ねぎまのたれ味を、ご飯に合う味つけにしました。

材料（つくりやすい分量）
鶏もも肉（親子丼用）　150g
ねぎ　約⅓本（30g）
A 「 しょうゆ・砂糖　各大さじ1
　 └ みりん・酒　各大さじ1
◎サラダ油

1　ねぎは1cm幅の小口切りにする。
2　フライパンにサラダ油小さじ1を中火で熱し、鶏肉と**1**を入れて炒める。肉の色が変わったらAを加え、2〜3分間炒める。汁けがなくなったら、火を止めて冷ます。食べるときに、好みで一味とうがらしか七味とうがらし適宜（分量外）をふる。
［大さじ1で27kcal　調理時間10分（冷ます時間は除く）］

```
70
101
```

保存
冷蔵庫で
3〜4日間

鶏レバーのつくだ煮

しょうがをたっぷり使って、レバーのくせを抑えます。

材料（つくりやすい分量）
鶏レバー　200g
A ［　水　カップ½
　　　酒　大さじ3
　　　しょうゆ・砂糖・みりん　各大さじ2 ］
しょうが（せん切り）　2かけ分
◎塩

1　鶏レバーは血合いを除いて一口大に切り、流水でよく洗う。水カップ2に塩小さじ½を混ぜ、鶏レバーをつけて10分間おき（写真下）、ざるに上げて流水でサッと洗い、水けを拭く。
2　鍋にAを入れて強めの中火にかけ、煮立ったら1としょうがを加え、8〜10分間煮る。汁けがなくなったら、火を止めて冷ます。
［大さじ1で20kcal　調理時間15分（鶏レバーを塩水につけておく時間、冷ます時間は除く）］

鶏レバーは塩水につけて、くせを和らげます。

71
101

保存
冷蔵庫で
4〜5日間

ギョーザ肉みそ

これぞ、究極のギョーザライス！
肉ダネを練る、皮で包むなど面倒な手間がなくて楽。

材料（つくりやすい分量）
豚ひき肉　100g
ねぎ（みじん切り）　約⅛本分（15g）
にんにく・しょうが（各すりおろす）
　各小さじ1
A［
　しょうゆ　小さじ2
　紹興酒＊（または酒）　小さじ2
］
にら（みじん切り）　1本分（15g）
B［
　ラー油　適量
　酢　小さじ1
］
◎ごま油／こしょう
＊穀物を原料としてつくられる中国の醸造酒。

1　フライパンにごま油小さじ2を中火で熱し、ひき肉を入れて炒める。色が変わったら、ねぎ、にんにく、しょうがを加えて炒める。
2　香りがたったら、Aを加えて2〜3分間炒める。汁けがなくなったら、にら（写真右）、こしょう少々を加えて軽く混ぜる。Bを回しかけ、火を止めて冷ます。
［大さじ1で38kcal　調理時間10分（冷ます時間は除く）］

にらを加えたら、色が悪くなる前に手早く作業し、色よく仕上げます。

ギョーザの皮を細切りにして揚げ焼きにし、肉みそと一緒にご飯にのせると、揚げギョーザ風が楽しめますよ

72
101

保存
冷蔵庫で
3〜4日間

ハンバーグ肉みそ

ちょっと甘めで、子どもも大好きな味！

材料（つくりやすい分量）
合いびき肉　150g
たまねぎ（みじん切り）　⅛コ分（25g）
A ┌ トマトケチャップ・赤ワイン　各大さじ2
　│ 中濃ソース　小さじ½
　└ ナツメグパウダー　少々
◎塩

1 フライパンに油をひかずに、ひき肉、塩小さじ¼を入れて中火にかけ、2分間ほど炒める。
2 ひき肉から透明な脂が出たら（写真下）、たまねぎとAを加えて2〜3分間炒める。汁けがなくなったら、火を止めて冷ます。食べるときに、好みでパセリ適宜（乾／分量外）をふる。
［大さじ1で27kcal　調理時間10分（冷ます時間は除く）］

透明な脂が出たら、肉のくせが和らいだ合図。

73
101

保存
冷蔵庫で
3〜4日間

カレー肉みそ

ご飯に混ぜれば、即席ドライカレーのでき上がり！

材料（つくりやすい分量）
合いびき肉　100g
たまねぎ（みじん切り）　¼コ分（50g）
にんにく・しょうが（各すりおろす）　各小さじ1

A
水　大さじ2
トマトケチャップ　大さじ1
カレー粉　小さじ2
塩　小さじ⅓

◎オリーブ油

1　フライパンにオリーブ油小さじ1、たまねぎを入れて中火にかけ、透き通るまで1分間ほど炒める。
2　ひき肉、にんにく、しょうがを加え、2分間ほど炒める。Aを加えて1分間ほど炒める。汁けがなくなったら、火を止めて冷ます。
［大さじ1で28kcal　調理時間10分（冷ます時間は除く）］

74
101

保存
冷蔵庫で
3〜4日間

マーボー肉みそ

豆板醤が効いたピリ辛マーボー味。
仕上げに粉ざんしょうをふっても。

材料（つくりやすい分量）
豚ひき肉　100g

A
┌ ねぎ（みじん切り）　大さじ3（30g）
│ にんにく・しょうが（各みじん切り）
│　　　各1かけ分
└ 豆板醤（トーバンジャン）　小さじ½

B
┌ 酒　大さじ1
│ みそ　小さじ2
└ 砂糖・しょうゆ　各小さじ1

◎サラダ油

1　鍋にサラダ油大さじ1とAを入れ、弱めの
中火にかける。香りがたったら、ひき肉を加え
て炒める。
2　ひき肉から透明な脂が出たら、Bを加えて
中火にし、2〜3分間炒める。汁けがなくなった
ら、火を止めて冷ます。食べるときに、好みで細
ねぎ適宜（小口切り／分量外）を散らす。
［大さじ1で33kcal　調理時間10分（冷ます
時間は除く）］

75
101

保存
冷蔵庫で
3〜4日間

ガパオ肉みそ

人気のタイ料理・ガパオライス風。
目玉焼きをのせると、さらに完璧！

材料（つくりやすい分量）
鶏ひき肉　150g
パプリカ（赤）　⅓コ（60g）
バジルの葉（生）　10枚（5g）
にんにく（みじん切り）　1かけ分
赤とうがらし（小口切り）　小さじ½
A「ナムプラー　小さじ2
　 オイスターソース　小さじ2
◎ごま油

1　パプリカはヘタと種を除き、1cm四方に切る。バジルの葉は1cm幅に切る。
2　フライパンにごま油小さじ2、にんにくを入れ、中火にかける。香りがたったらひき肉、赤とうがらし、パプリカを加えて2分間炒める。
3　Aを加え、なじませる。バジルの葉を加えて混ぜ、火を止めて冷ます。
［大さじ1で21kcal　調理時間10分（冷ます時間は除く）］

76
101

保存
冷蔵庫で
3〜4日間

ちょっと一息

お茶漬けをおいしくつくる!

おすすめのお茶

お湯や水で十分ですが、お茶で楽しむなら、緑茶、ほうじ茶、玄米茶の3種類がおすすめです。

**ご飯のおとものうまみで、
お湯や水をかけるだけでも美味!**

　私はご飯が大好きですが、ちょっと重たいかな? というときは、サラサラと食べられるお茶漬けにします。特に、暑くて寝苦しい夏の朝ごはんは、冷やし茶漬けでさっぱりとすませることも多いですね。お茶漬けって唐突に食べたくなるものだし、気合を入れるものではないので、家にある材料でつくるのが妥当だと思います。何もないときでも必ずある梅干しとさば缶は、私の定番具材。シンプルでいちばん好きな組み合わせです。ご飯のおともが何かしらあるときは、〝おともでお茶漬け〟を楽しみます。ご飯のおともはうまみがあるものが多いので、わざわざお茶をいれなくても、お湯や水をかけるだけで十分においしいですよ!

ほうじ茶のお茶漬けのつくり方

ほうじ茶特有の焙煎（ばいせん）風味は、魚介系のおともと好相性。

※写真のおともは「白身魚の塩昆布あえ」（P.31参照）を使用。

大きい茶碗に温かいご飯適量（150gが目安）、好みのおとも適量（20〜30gが目安）を盛り、温かいほうじ茶カップ1〜1½を注ぎます。

ほうじ茶に合うご飯のおとも

さばフレーク（P.14参照）、のりとひじきのつくだ煮（P.16参照）、あさりの簡単つくだ煮（P.24参照）、ぶりのなめろう（P.34参照）、いろいろきのこのなめたけ（P.48参照）、三升漬け（P.62参照）など。

緑茶・玄米茶のお茶漬けのつくり方

緑茶は香り、玄米茶は香ばしさを楽しんで。

※写真のおともは「わさびさけフレーク」（P.12参照）を使用。

大きい茶碗（わん）に温かいご飯適量（150gが目安）、好みのおとも適量（20〜30gが目安）を盛り、温かい緑茶か玄米茶カップ1〜1½を注ぎます。

緑茶・玄米茶に合うご飯のおとも

さけフレーク（P.10参照）、明太さけフレーク（P.13参照）、明太高菜（P.19参照）、梅ちりめん（P.21参照）、さけの焼き漬け（P.30参照）、きゅうりとしょうがの甘辛漬け（P.64参照）、かくやあえ（P.65参照）など。

水飯（すいはん）のつくり方

暑い夏に最高！ご飯はサッと洗うのがコツ。

※写真のおともは「あじのなめろう」（P.32参照）を使用。

冷やご飯適量（150gが目安）はざるに入れてサッと洗います（写真左）。水けをきって大きい茶碗に盛り、冷水カップ1～1½を注ぎ、好みのおとも適量（20～30gが目安）をのせます。

洗って粘りを取り、サラサラにほぐします。

水飯に合うご飯のおとも

ゴーヤーのきんぴら（P.52参照）、きゅうりとしょうがの甘辛漬け（P.64参照）、かくやあえ（P.65参照）、さばみそ（P.72参照）、ねぎみそ（P.77参照）など。

お茶以外で楽しむ！

だし茶漬けのつくり方

レンチンでできる即席だしで、本格和風のお茶漬けに！

※写真のおともは「焦がしきのことひじき炒め」（P.50参照）を使用。

大きい茶碗に温かいご飯適量（150gが目安）、好みのおとも適量（20～30gが目安）を盛り、温かい即席だし（下記参照）カップ1～1½を注ぎます。

即席だし

材料（1人分）とつくり方

1　お茶用パック（不織布）に削り節3gを入れる。
2　耐熱ボウルに水カップ1½と1を入れて電子レンジ（600W）に3分間かけ、削り節のパックを取り出す。

第四章

卵でほっこり、ご飯のおとも！

卵ほどご飯に合う「おとも」はないのでは？
と思うほど、私は大の卵好きです。
それこそ冷蔵庫にないと落ち着かなくて不安になるほど。
子どものころから、少なくとも１日に１コは食べていますね。
でも生卵をご飯にのせた卵かけご飯は得意じゃなくて、
卵黄か半熟ゆで卵の調味料漬けを
卵かけご飯にして食べるのが私の定番です。

卵黄のしょうゆ漬け
極上の卵かけご飯に！

卵黄のみそ漬け
お酒のつまみにも！

卵黄のしょうゆ漬け

うまみが凝縮し、
トロリとした口当たりが楽しめます。

材料（4コ分）

卵黄　4コ分

A［しょうゆ　大さじ2
　　みりん（煮きったもの）　大さじ2］

1　Aを混ぜて清潔な保存容器に入れる。
2　1に卵黄を漬けて冷蔵庫に1時間おき、
味をなじませる。
［1コ分70kcal　調理時間2分（味をなじま
せる時間は除く）］

卵黄のみそ漬け

しょうゆ漬けより、ねっとりと堅め。
漬け時間はお好みで。

材料（4コ分）

卵黄　4コ分

◎みそ

1　清潔な保存容器にみそ適量を2cm深
さまで敷き詰める。ペーパータオルをのせ、
間隔をあけて4か所、スプーンでくぼみをつ
ける。
2　くぼみに卵黄を1コずつのせ、冷蔵庫
に一晩以上おき、味をなじませる。
［1コ分70kcal　調理時間3分（味をなじま
せる時間は除く）］

卵黄漬けで余った卵白は
みそ汁に入れてかきたま汁に、
残った漬けしょうゆは炒め物に、
みそ床はみそ汁に活用できます。
生卵を漬けたあとなので、
安全のために必ず
加熱料理に使ってくださいね

77
101

保存
冷蔵庫で
約4日間

78
101

保存
冷蔵庫で
約1週間

めんつゆ漬け卵

ポリ袋で漬けると、少量のめんつゆでも味が回ります。
漬け時間はお好みで。長く漬けるほど味が入り、卵が締まります。

材料（2コ分）
卵* 2コ
めんつゆ（3倍濃縮タイプ） 大さじ3〜4
*できれば使う30分前に常温に戻しておく（P.108〜110のバリエーションも同じ）。

箸で割ると、黄身がトロ〜リ。
ご飯によくからめて！

1 鍋にたっぷりの湯を沸かし、卵を入れて6分30秒〜7分間ゆでる。冷水にとって冷まし、殻をむく。
2 ポリ袋にめんつゆと**1**を入れ、袋の上からよくからめて冷蔵庫で4時間以上漬ける。
［1コ分80kcal 調理時間10分（冷ます時間、漬ける時間は除く）］

卵は柔らかめの半熟がベスト！
ゆで時間の目安は、
常温に出しておいた卵で6分30秒間、
冷蔵庫から出したての卵で7分間です。
堅めが好みなら、
30秒〜1分間長くゆでてください

79
101

保存
冷蔵庫で
3〜4日間

80 / 101 塩水漬け卵

塩で漬けるよりマイルド！

保存
冷蔵庫で
3〜4日間

材料（2コ分）
卵　2コ
塩水
┌ 水　カップ1
└ 塩　小さじ1

1　P.107の**1**と同様にする。
2　塩水の材料を混ぜる。P.107の**2**のめんつゆを塩水にかえ、同様に漬ける。

［1コ分80kcal　調理時間10分（冷ます時間、漬ける時間は除く）］

漬け卵のバリエーション

P.107「めんつゆ漬け卵」とつくり方は同じで、
調味料を変えるだけです。

81 / 101 塩こうじ漬け卵

うまみ濃厚！

保存
冷蔵庫で
3〜4日間

材料（2コ分）
卵　2コ
塩こうじ　大さじ1

1　P.107の**1**と同様にする。
2　P.107の**2**のめんつゆを塩こうじにかえ、同様に漬ける。

［1コ分90kcal　調理時間10分（冷ます時間、漬ける時間は除く）］

82
101

保存
冷蔵庫で
3〜4日間

甘酢漬け卵

卵の和風ピクルス!

材料（2コ分）
卵　2コ
甘酢
┌ 水　大さじ2
│ 酢　大さじ1
│ 砂糖　小さじ1
└ 塩　小さじ½

1　P.107の**1**と同様にする。
2　甘酢の材料を混ぜる。P.107の**2**のめんつゆを甘酢にかえ、同様に漬ける。
［1コ分80kcal　調理時間10分（冷ます時間、漬ける時間は除く）］

83
101

保存
冷蔵庫で
3〜4日間

オイスター漬け卵

こっくり中華風!

材料（2コ分）
卵　2コ
A ┌ オイスターソース・
　│ 　しょうゆ　各大さじ1
　└ 水　大さじ1

1　P.107の**1**と同様にする。
2　Aを混ぜる。P.107の**2**のめんつゆをAにかえ、同様に漬ける。
［1コ分80kcal　調理時間10分（冷ます時間、漬ける時間は除く）］

109

84
101

保存
冷蔵庫で
3～4日間

カレー漬け卵

和風のカレー味！

材料（2コ分）
卵　2コ

A ┌ トマトケチャップ
　　　大さじ2
　　みそ　大さじ1
　　カレー粉　小さじ1
　　にんにく（すりおろす）
　└　　1かけ分

1　P.107の**1**と同様にする。
2　Aを混ぜる。P.107の**2**のめんつゆをAにかえ、同様に漬ける。

ゆで卵を焼いて漬けても！

フライパンにオリーブ油大さじ2を中火で熱し、ゆで卵を転がしながら焼きます。こんがりと焼き色がついたら取り出して冷まし、Aに漬けます。

［1コ分100kcal ／卵を焼く場合は1コ分140kcal
調理時間10分（冷ます時間、漬ける時間は除く）］

85
101

保存
冷蔵庫で
3～4日間

キムチ漬け卵

辛くてうまい韓国風！

材料（2コ分）
卵　2コ
白菜キムチ（市販／ザク
　切りにする）
　大さじ3（漬け汁ごと）

1　P.107の**1**と同様にする。
2　P.107の**2**のめんつゆを白菜キムチにかえ、同様に漬ける。

［1コ分90kcal　調理時間10分（冷ます時間、漬ける時間は除く）］

甘いいり卵

しっとり甘めの、やさしい味わいです。

材料（つくりやすい分量）

卵　2コ

◎砂糖

1　フライパンに卵を割り入れ、砂糖小さじ4を加えて混ぜる。

2　弱めの中火にかけ、菜箸で絶えず混ぜながら、細かくいる。火が通ったら、火から下ろして冷ます。

［大さじ1で20kcal　調理時間5分（冷ます時間は除く）］

86
101

保存
冷蔵庫で
約3日間

卵の
しっとりふりかけ

人気の卵ふりかけが、
自家製で楽しめます。

材料（つくりやすい分量）
卵　1コ

A ┌ 砂糖　小さじ1
　└ 塩　小さじ⅓

B ┌ 削り節　2g
　└ 白ごま・青のり粉　各小さじ1

1　フライパンに卵を割り入れ、Aを加えて混ぜる。弱めの中火にかけ、菜箸で絶えず混ぜながら、細かくいる。
2　卵に火が通ったらざるに上げ、熱いうちに耐熱のゴムべらで押さえてこす（写真下）。
3　フライパンに**2**を戻して弱火にかけ、水分をしっかりとばす。Bを加えて混ぜ、火から下ろして冷ます。
［大さじ1で21kcal　調理時間10分（冷ます時間は除く）］

87
101

保存
冷蔵庫で
3〜4日間

ざるでこして、ふりかけ状に
細かくします。

材料（つくりやすい分量）

卵　3コ

A ┌ だし（冷たいもの）　大さじ1½
　└ 砂糖　大さじ1

B ┌ だし（冷たいもの）　カップ¾
　└ うす口しょうゆ　大さじ1

◎サラダ油

1　ボウルに卵を割り入れ、Aを加えて混ぜる。

2　卵焼き器にサラダ油少々をペーパータオルで塗って弱めの中火にかけ、**1**の⅕量を流し入れる。奥から手前にクルクルと巻き、奥に寄せる。

3　あいたところに**2**と同様にサラダ油を塗り、残りの**1**の¼量を流し入れて**2**と同様にする。残りも同様にして厚焼き卵をつくり、冷まして一口大に切る。

4　Bを混ぜて清潔な保存容器に入れ、**3**を漬ける。冷蔵庫に1時間おいて味をなじませる。

［全量310kcal　調理時間10分（冷ます時間、味をなじませる時間は除く）］

だし漬け卵焼き

だし巻き卵のだし漬けです。しっとりと上品な味わい。

88
101

保存
冷蔵庫で
約3日間

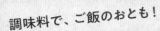

番外編

調味料で、ご飯のおとも！

食べるラー油

桜えびのうまみ、
香味野菜の香りや
食感の妙でご飯がすすみます。
おかゆや麺類のトッピング、
ギョーザのつけだれ、
中華料理の炒め油にも！

材料（つくりやすい分量）

桜えび（乾）　3g

A　┌ たまねぎ（粗みじん切り）
　　│ 　½コ分（100g）
　　│ にんにく（粗みじん切り）
　　│ 　1かけ分
　　│ 米油*（またはサラダ油）
　　└ 　カップ¼

B　┌ みそ　大さじ1
　　└ 砂糖　小さじ½

ラー油　小さじ1

◎ごま油

*くせがなく、軽やかな米油がおすすめ。

1　桜えびは包丁で粗く刻み、耐熱ボウルに入れる。
2　フライパンにAを入れて弱めの中火にかけ、12分間ほど加熱する（写真下）。たまねぎの縁が茶色くなってきたら、**1**のボウルに油ごと加える。
3　**2**にごま油大さじ1を加えて軽く混ぜる。Bを加えて混ぜ、ラー油を加えて混ぜる。

［大さじ1で75kcal　調理時間20分］

89
101

保存
冷蔵庫で
約1週間

たまねぎとにんにくはカリッと香ばしく揚げます。

おまけの章

ご飯のおともで、絶品料理！

私のご飯のおともは、具材や味つけの調味料として、
おかずや麺類などにも活用できます。
この章では、12種の「おとも」を抜粋して、
サラダ、あえ物、炒め物、煮物、鍋、あえ麺など
バラエティー豊かに展開して紹介します。
「おとも」の可能性は無限大！
12のレシピを参考にして、自由に楽しんでくださいね。

さけフレークで！

材料（2人分）
じゃがいも　2コ（300g）
A ┌ オリーブ油　大さじ1
　│ 酢　小さじ½
　└ 塩・こしょう　各少々
B ┌ さけフレーク（P.11参照）　40g
　└ マヨネーズ　大さじ3
パセリ（みじん切り）　適量

1　じゃがいもは3cm角に切り、水に5分間ほどさらす。水けをきって鍋に入れ、水をヒタヒタに注ぎ、中火にかけて8分間ほどゆでる。竹串がスッと通ったら、ざるに上げて湯をきる。
2　ボウルに**1**を入れて熱いうちにフォークで粗くつぶし、Aを加えて混ぜる。Bを加えて混ぜ、器に盛ってパセリをふる。
［1人分350kcal　調理時間20分］

さけのポテトサラダ

さけのうまみがアクセント。きゅうりやたまねぎを加えても。

90
101

材料（2人分）

じゃがいも　（小）1コ（120g）

たまねぎ　¼コ（50g）

A
┌ たらこフレーク（P.15参照）
│ 　大さじ2
│ 卵　2コ
└ 牛乳　大さじ1

B
┌ たらこフレーク　大さじ1
└ マヨネーズ　大さじ2

◎オリーブ油

1　じゃがいもは1.5cm角に切ってサッと水にさらし、たまねぎは縦に薄切りにする。これらを耐熱容器に入れてオリーブ油大さじ1を加えて混ぜ、ふんわりとラップをして電子レンジ（600W）に4分間かける。Aを加えて混ぜ合わせる。

2　小さめのフライパン（直径20cmが最適）にオリーブ油大さじ1を弱めの中火で熱して**1**を流し入れ、大きく混ぜる。ふたをして2分間焼き、皿をかぶせてフライパンごと上下を返し、フライパンに戻し入れる。ふたをせずに2分間焼く。器に盛り、Bを混ぜてかける。

［1人分390kcal　調理時間15分］

たらこのポテトオムレツ

たらこ＆じゃがいもの鉄板コンビで、フワフワのオムレツに。

91
101

材料（2人分）
レタス　½コ（200g）
たまねぎ　¼コ（50g）
ドレッシング
　サラダ油　大さじ2
　のりとひじきのつくだ煮（P.16参照）
　大さじ1
　酢　大さじ1

1　レタスはちぎる。たまねぎは縦に薄切りにする。レタスとたまねぎを冷水に10分間ほどさらしてパリッとさせ、水けをきって器に盛る。
2　ドレッシングの材料を混ぜ合わせ、**1**にかける。
［1人分160kcal　調理時間5分（野菜を冷水にさらす時間は除く）］

のりひじきとレタスのサラダ
のりとひじきのつくだ煮をドレッシングに！

92
101

材料（2人分）
梅ちりめん（P.21参照） 大さじ4
セロリ　1本（200g）
◎ごま油

1　セロリは軸と葉に分け、軸は筋を
取って斜めに5mm幅に切り、葉は適量
をザク切りにする。
2　フライパンにごま油大さじ1を中火
で熱し、**1**を入れて1分間ほど炒める。
梅ちりめんを加え、さらに1分間ほど炒
め合わせる。
［1人分110kcal　調理時間10分］

梅ちりめんとセロリのきんぴら

梅の酸味とセロリの香りが爽やかなサラダ風きんぴら。

93
101

材料（2人分）

いろいろきのこのなめたけ（P.49参照）
　大さじ5

A ┌ 溶き卵　2コ分
　│ 水　カップ1
　└ 塩　小さじ¼

細ねぎ（小口切り）　適量

1　Aを混ぜ合わせ、ざるでこす。

2　いろいろきのこのなめたけを大さじ2ずつ、耐熱の器2コに入れる。**1**を等分に注ぎ、スプーンで軽く混ぜる。

3　**2**にふんわりとラップをしてようじで穴を開け、電子レンジ（600W）に3〜4分間、様子を見ながらかける。ラップをしたまま粗熱を取る。

4　ラップを外し、いろいろきのこのなめたけを大さじ½ずつのせ、細ねぎを散らす。

［1人分90kcal　調理時間10分（粗熱を取る時間は除く）］

レンジ茶碗蒸し

プルルンと蒸し上がった卵液に、きのこのうまみがジュワッ。

94
101

材料（2人分）

A［ きゅうりとしょうがの甘辛漬け
　　（P.64参照）　約½量（90g）
　　きゅうりとしょうがの甘辛漬けの
　　　漬け汁　大さじ6
　　ごま油　小さじ2

豚ひき肉　150g
レタス（または好みの葉野菜）
　　10枚（100g）

1　きゅうりとしょうがの甘辛漬けは粗みじん切りにする。
2　フライパンにひき肉を入れて中火にかけ、炒める。肉の色が変わったらAを加え、汁けがなくなるまで炒める。器に盛り、レタスを食べやすくちぎって添える。

［1人分290kcal　調理時間10分］

きゅうりと豚肉のそぼろ炒め

葉野菜で包んで食べるのがおすすめ。あえ麺にしても。

95
101

材料（2人分）

鶏むね肉　1枚（300g）

A ┌ **かくやあえ（P.65参照）** 全量
　└ ごま油　大さじ1

◎塩／酒

1　鶏肉は皮を除き、塩小さじ½をもみ込む。

2　鍋に湯1ℓを沸かして酒大さじ2、**1**を入れて弱火にし、煮立たせない火加減で10分間ゆでる。火を止め、ふたをして30分間おき、冷ます。

3　鶏肉を取り出して食べやすく裂き、ボウルに入れる。Aを加えてあえる。

［1人分190kcal　調理時間15分（冷ます時間は除く）］

ゆで鶏のかくやあえ

96
101

しっとりゆで鶏に、かくやあえの食感がアクセント。

材料（2人分）
ほうれんそう*　1ワ（200g）
油揚げのおかかふりかけ（P.70参照）
　大さじ2
◎塩／しょうゆ

*小松菜、春菊、水菜、菜の花など好みの青菜にかえても。

1　鍋に湯を沸かして塩少々を入れ、ほうれんそうをサッとゆでて冷水にさらす。水けを絞り、3cm長さに切る。
2　**1**をしょうゆ小さじ1であえ、器に盛る。油揚げのおかかふりかけをかける。
［1人分50kcal　調理時間5分］

青菜のおひたし

だしがなくても、手軽におひたしが楽しめます。

97
101

123

さばみそで！

材料（2人分）
そうめん　4ワ（200g）
きゅうり　1本（100g）
A〔 さばみそ（P.72参照）　½量
　 水　カップ1 〕
みょうが（小口切り）　2コ分（30g）
青じそ　4枚
すりごま（白）　適量
◎塩

1　きゅうりは薄い輪切りにして塩少々でもみ、10分間おいて水けを絞る。
2　ボウルにAを入れ、さばみそを溶きのばす。**1**を加える。
3　そうめんは袋の表示どおりにゆで、流水で洗ってぬめりを落とす。器に盛って**2**を注ぎ、みょうがをのせる。青じそをちぎって散らし、すりごまをふる。
［1人分490kcal　調理時間10分（きゅうりに塩をふっておく時間は除く）〕

冷や汁そうめん

さばみそを水で溶いて即席冷や汁に。うどん、そば、ご飯でも。

98
101

材料（2人分）
牛肉とごぼうのしぐれ煮（P.87参照）
　　50g
木綿豆腐　½丁（200g）
ねぎ　約⅓本（30g）

1　豆腐は4等分に切る。ねぎは斜め
薄切りにする。
2　鍋に牛肉とごぼうのしぐれ煮、ねぎ、
水カップ½を入れて中火にかける。沸
騰したら豆腐を加えてふたをし、5分間
煮る。
［1人分160kcal　調理時間10分］

肉豆腐

しぐれ煮に水を加えると、程よい濃さの煮汁になります。

99
101

ギョーザ肉みそで！

材料（1人分）
ギョーザ肉みそ（P.95参照） ½量
中華麺（生） 1玉（110g）
細ねぎ（小口切り） 2本分
卵黄 1コ分
糸とうがらし* 適宜
◎ごま油
*辛みの少ない赤とうがらしを細切りにしたもの。

1 鍋に湯を沸かし、中華麺を袋の表示どおりにゆでる。冷水にとってさらし、ざるに上げて水けをきる。ごま油小さじ1をふり、あえる。
2 器に盛り、細ねぎ、ギョーザ肉みそ、卵黄をのせ、あれば糸とうがらしを散らす。
［1人分590kcal　調理時間7分］

ギョーザ肉みそのあえ麺

パンチのある中華風あえ麺。卵黄をよくからめて。

100
101

材料（2人分）

豚バラ肉（しゃぶしゃぶ用）　200g

にら　⅓ワ（30g）

絹ごし豆腐　½丁（200g）

もやし　½袋（100g）

A ┌ 昆布（5cm四方）　1枚
　└ 水　カップ2

B ┌ 豆乳（無調整）　カップ1
　└ 塩　小さじ1

食べるラー油（P.114参照）　大さじ4

1　にらは3cm長さに切る。豚肉は食べやすい大きさに切る。

2　鍋にAを入れて中火にかけ、沸騰したら昆布を取り出す。豆腐を手でくずしながら加え、B、**1**、もやしを加える。

3　ひと煮立ちしたら、食べるラー油を回しかける。

［1人分660kcal　調理時間10分］

豆乳鍋

豆乳ベースの和風の鍋を、食べるラー油で中華風に味変！

101
101

しらいのりこ

料理研究家。米どころの新潟県出身。実家が米農家の夫と炊飯系フードユニット「ごはん同盟」を主宰。「おかわりは世界を救う」という理念のもと、ご飯のおいしさを世に広めるべく活動中。ご飯と同じくお酒も大好きで、毎晩、ご飯を食べてからの晩酌が密かな楽しみ。本書のレシピは、ご飯と同じく酒の肴として楽しめるものも多い。「NHKきょうの料理」番組講師としてもおなじみ。

ごはん同盟 https://gohandoumei.com/
Instagram @shirainoriko
Twitter @shirainoriko

アートディレクション・デザイン　遠矢良一(Armchair Travel)
撮影　木村 拓(東京料理写真)
スタイリング　久保百合子
校正　今西文子(ケイズオフィス)
栄養計算　宗像伸子
編集　宇田真子／米村 望、山田葉子(NHK出版)
編集協力　前田順子、大久保あゆみ

※この本は「NHKきょうの料理ビギナーズ」テキスト2020年4月号から2021年3月号、2021年8月号から10月号までの連載に新しいレシピを加え、再編集したものです。

しらいのりこの
絶品! ご飯のおとも101

2021年12月20日　第1刷発行

著　書　　しらいのりこ
　　　　　©2021 Shirai Noriko
発行者　　土井成紀
発行所　　NHK出版
　　　　　〒150-8081　東京都渋谷区宇田川町41-1
　　　　　電話 0570-009-321(問い合わせ)
　　　　　　　　0570-000-321(注文)
　　　　　ホームページ　https://www.nhk-book.co.jp
　　　　　振替　00110-1-49701
印刷・製本　共同印刷